나를 깨우는 소리

이수연

- 2016년 월간 <한국수필> 등단

  공저 <인연의 온도>

  <삶 귀퉁이 벽돌이 되어> 외 다수
- 2019년 대한민국 오늘의 작가정신 전 신진작가상 수상 <서양화>
- 2019년 모스크바 국제아트페스티벌 우수작가상 수상 외 다수

  <개인전 2회 및 단체전 20여 회>

E-mail : stella5345@naver.com

Instagram : rhee_sol

나를 깨우는 소리

이수연 시집

작가의 말

이슬이 살포시 내려앉은 들녘에
갈증의 입맞춤을 한다

깨우는 심장의 소리
여운을 하늘에 실려 보낸다

몽글몽글 피어나는 구름상자에
한 권의 시집을 태워 보낸다

체온이 부딪치는 살결마다
숨결이 우주에 퍼진다

이제는

황금의 꽃 해바라기로
태양을 머금은 채 살고 싶다

2022 봄에
이수연

차 례

2부

깨어나는 삶을 펼치다

3부
미련의 시간이 다가올 때

4부

아프리카 쎄시봉

5부

챙김이 필요하다

1부

이슬처럼 풀잎에 눕다

별을 부르는 이름

별이 떨어진다
가슴에

별이 반짝인다
생각에

별을 부르는 이름

세상에 퍼질 때

가리라

그 빛 속으로

너는 웃지 못하는 바보

너와 난
세월을 삭혔지

네가 성낼 때
나는 가슴이 내려앉고

네가 이상을 꿈꿀 때
나는 마음을 겹치고 싶었고

네가 내일만 바라볼 때
나는 오늘이 더 중요했지

내가 너라면

그냥 웃으면서
살살
살아갈 텐데

좋은지 나쁜지

가시 돋아 뱉은 말 상처가 되고
서로는 말없이 고개 숙인다

인연이란 사슬을 풀고 싶지만
엉킴은 쉽게 풀리지 않는다

옳음은 한 걸음 성숙을 달리고
그름은 반성이 없으면 내일이 없다

살갗을 부비며 사는 이유가 뭘까

어쩌다 마주친 순간의 느낌은
절정으로 인한 결속이 된다

결혼은 서로를 닮아가는 과정인데
이치를 따지며 자기주장이 바쁘다

먼저 내려놓으면 좋으련만

설중매

하얀 눈 속에서 고결하게 인내하며 피어난다

꽃잎은 시려도 충실하게 네 모습 드러내니

겨울이 품어진 계절이 물러가고 봄이 왔구나

이맘때면 내 봉오리도 톡 터져 만개할 테니

네가 떠난 자리를 대신하며 봄을 맞으리

달빛 소나타

달빛이 눈에 걸려 마음을 당긴다

파도 위에 떨어진 금싸라기는
밤바다에 너울너울 색을 입힌다

모래성 지붕 위에 손자국이
달빛에 반사되니 거북등인가 싶다

포말의 변주곡은 리듬을 타고
월담한 파도의 출렁임은
바위에 부딪쳐 잘게 부서진다

밤배 고동소리는
독주곡으로 바람 따라 날고
추억이란 알갱이를 주워 담는다

빈 수레

숨 돌릴 틈 없이 분주하다
사람들은 수레에 한껏 올라탄다
가득 싣고 수고를 향해 간다

합창하며 힘을 불어 주고
연주하며 무게를 덜어 준다

텃밭에서 수확한 풋나물을
갈무리하고

구름이 내려앉는 날을 살피다가
기우뚱거리면 행여 상할세라
서둘러 층적운에 모두 실어 보낸다

품삯도 못 받고 내줬는데
청명한 날에 솜털구름을 타고
그곳이 좋은지 둘러 봐야겠다

눈물은 이제 뚝

내가 나라서 아프다

네가 아파도
볼 수 없으니

나보단
덜하겠지 생각한다

너보다
나보다
더한 사람도 있다

눈물은 이제 뚝

마음을 씻자

비는 내리지 않을 거야

초록빛 산은 걸음을 부산하게 한다
새들도 나무도 부추기며 합창하고
내 발이 닿도록 길을 연다

오르막길 숨이 가쁘다
물소리가 청량하게 내리친다

쇼팽이 부럽지 않은 자연의 소리가
온몸에 전율하며 퍼진다

한숨은 바람에 실려 허공을 날고
새가 그걸 받아 채 간다

그리고

하늘을 돌며 내게 말한다
한숨은 구름이 가져갔다고

다음엔 눈물도 가져오란다

구름에게 보내면
나무에게 적실 빗물이 될 거라고

눈물을 실어 보낼 사연이 있을까

어느 날 문득

거실 창문에 한 마리 새가 날아들었다
빤히 나를 향해 보고 있다

교감이랄 것도 없이
무심한 눈길을 보냈다

창문을 콕콕 쪼아대며 신호를 보낸다
왜일까 알 길이 없다

살을 부비고 산들
감정이 없으면 스쳐도 관심 없고
물어도 대답 없다
쇼윈도 부부의 일상이다

누렇게 바랬을 땐 사랑도 쉽지 않다

마음을 여는 것은 누가 먼저일까

장미를 닮은 너

가시 돋은 장미는 색깔이 다양하다

너는 무슨 색이 적합할까
아마도 흑장미겠지

장미의 숨결은
다이아몬드처럼 빛이 난다

축복으로 너는 내게 와 주었고
잉태는 마음에 단비가 되었지

너를 사랑한 까닭에 참 많이 아팠다
그러나 내 몫이니 당연한 것이고

너의 사랑은
어둠의 사람들에게 나눠 주려무나

바람 불어 좋은 날

작달비 지나간 자리에
바스락거리던 낙엽이 한껏 물을 먹고
늘어지게 잠을 자고 있다

나무는 물 만난 숭어처럼 춤을 추고
빳빳한 겉살은 때깔마저 곱다

거죽을 뚫고 뿜어져 나오는 기운은
이슬을 털어 내며 기지개를 켠다

너의 냄새를 옹골지게 삼키며
내 근육에 중력을 가한다

땀방울이 송골송골 맺힐 때
때마침 부는 소슬바람은
어여뻐서 품삯을 주고 싶다

메아리가 기다리는 정상에 오르니
바람이 말한다

산등성이 오르막길 지친 발길을 위해
다시 내려가야 한다며
나와 이별을 하잔다

살가운 네게 나도 한마디 한다

무더운 여름에 인기척을 보내면
버선발로 마중 나와 달라고

해바라기

빛을 향한 기다림은 너를 향해 있다
하늘바라기를 누군들 흉내 낼까

결 고운 잎들이 산들거리며
장대 같은 몸은 무거운 짐을 지고
고개 숙여 기도한다

태양은 너를 위해 뜨고
너도 빛 따라 고개를 든다

황금의 꽃이라 명하는 너는
영원한 자존심 태양의 꽃

하늘을 품었으니 무엇이 부러울까
그보다 귀한 것은 없다

소확행

작지만 확실한 행복이 무얼까 생각하다
무라카미 하루키를 떠올리며
소확행을 더듬어 본다

하루의 시작이 울리면 창가에 기대어
빈속에 짜릿한 커피 한 잔의 여유가 좋다
컴퓨터를 열고 자신이 쓴 글을 보며
들쑥날쑥하는 모양이 신선해서 좋다

소파에 뒹굴며 생각 없이 시선을 고정하고
노래경연대회를 보는 맛이 짭짤해서 좋다
무엇을 먹을까 궁리 끝에
딸과 가위바위보해서 심부름을 정할 때
가슴 졸이며 심장 뛰는 소리도 좋다

행복은 작은 것에 있다는 말이
실감 나는 것도 좋다

풀밭에 누워

살랑거리는 봄바람이 코끝에 스치면
대문 열고 어디론가 달려가고 싶다

언덕길 풀밭 위에 체크담요 깔아놓고
마냥 하늘을 바라다본다

뭉게구름 움직이는 길 따라 설레며 따라간다
희미하게 보이는 반딧불이 춤추며 안내한다

가는 곳이 어디냐고 묻는 나에게
천사가 마중 나온 거란다

황금빛 어느 성에 도착하니
난생에 처음 보는 눈부신 것들이
나를 에워싸며 놀자 한다

꿈인가 생시인가 뒤척이니
풀밭에 누워 선잠이 든 것이네

다시 눈을 감고 잠을 청해 보지만
이미 달아나 버렸다

이젠 틀렸구나 생각하는데
가슴에서 한마디가 꿈처럼 들려온다

천국을 본 거라고

우리도 사랑을 내리게요

그곳은 어떤가요, 살 만한가요
여기도 그런대로 살 만해요
사랑을 아직도 감추고 있나요
그때는 곁에 있어 느끼지 못했는데
이제야 알 것 같아요
긴 한숨 몰아쉴 때 힘들었지요
정말 미안해요

하늘 계시니 좋은가요
한마디만 말해 주세요
사랑이 제일이라구요
그곳은 사랑이 넘쳐 나겠죠
담아 올 수 있으면 얼마나 좋을까요
여기는 사랑이 너무 부족해요
서로를 상하게 해요
눈이 내리면 사랑을 실어 보내 주세요
우리도 사랑을 내리게요

마음을 사는 예술은

풀잎이 노래를 한다
산들거리며 춤을 춘다

모네가 그립다

본능이 분출하는 빛의 격정이
공간에 걸린다
그림에 빠져든다
나도 누군가의 감정을 사고 싶다

색감은 밤을 헤적인다
날이 밝으니 까칠한 낯빛이다
가슴을 쪼개고 생각을 가르니
색은 살아서 영혼에 덧입는다

예술은 왜 힘든 것일까
마음을 사는 것이 그리 쉬운가

2부

깨어나는 삶을 펼치다

이슬방울

풀잎에 이슬방울이 송골하게 맺혀 있다

또르르 구르면 다른 잎들에게 쏟아져

그 잎들이 가지고 있던 것마저 땅으로 구른다

느닷없이 훍은 찬이슬 맞으며

아이 차가워 경기를 한다

기도

낯설지 않은 누구는
마음이 시릴 때 나누는 소금이다

그렇다고 생각 없이
수다스런 만남은 격이 없다

진짜 친구는 누굴까

응어리를 쏟아부어도 괜찮은
그릇이 있으면 좋겠다

두 손을 모으고 고개 숙인다
고요한 내면에서 몽우리가 핀다

상처가 아무는 소리도 들리고
팽창했던 설움이 터지는 소리도 들린다

아직 그릇은 비어 있다

마음을 훔치고 싶어

정갈하고 고운 너는 언어의 마술사
네 마음을 훔치고 싶어

창고엔 무엇이 숨어 있을까
문을 열고 알고 싶어

네 마음에 나를 포개면
너를 볼 수 있어

모래알처럼 무수히 많은
알진 이야기를

꽁꽁 숨겨 두었다가 하나씩 꺼내면
누구의 마음도 사게 될 거야

기다림 1

여운자락이 몽글하게 피어나는 곳에
나비 한 마리가 날아든다

지루한 장마는 애만 태운다

빨간 우체통에 넘쳐나는 종이뭉치는
손님의 이름만 가득하고

너는 어디에 숨었는지

자욱한 안개가 시야를 가린다
그 속에서 헤치고 나오려나

인내는 마음을 무르게 하고 한숨만 깊어진다

너는 언제 오려는지

기다림 2

마음이 갈라져 있다
영글지 않은 빈틈에 바람이 차다

솜처럼 폭신하지도 않다
연기처럼 바람나비가 흩날린다

오작교 다리를 타고 오려나
앵돌아진 가을은 바다 위에 걸리고
파도의 물살은 거칠다

포말은 모래사장에 결을 만들고
시선은 수평선에 닿아 있다

그 너머엔 떠날 차비가 되었는지
소리를 높여도 대납이 없다

제비갈매기만 허공을 맴돌 뿐
아무런 소식이 없다

새벽

여린 어둠이 분산되어 갈라진다

아파트 불빛은 듬성드뭇하고
가로등은 홀로 길을 밝힌다

인기척 없는 대로변은 신호등만 깜박이고
아직 일터로 가기엔 이른 시간이다

시선에 모아진 하루의 시작은
커피 한 잔에 기운이 들썩하고
컴퓨터 앞에서 심장의 소리가 커진다

책상 위에 걸린 달 그림이
내 염원을 듣고 있다

초침 소리가 찰칵거릴 때마다
한 소절씩 꺼내지는 판타지 언어들이
꿈처럼 등장한다

문학의 이해를 고민하는 내게
바흐친이 제시한 카니발은 신선하다

몰입의 밀도가 견고해지면서
어둠을 소외시킨다

눈물을 꺼낸다

비가 아프다
아스팔트 바닥에 떨어지는 빗방울
사람들은 무심히 밟고 지나간다

자동차의 비 밟는 소리가 요란하다
흰옷에 얼룩까지 남기며 쌩하니 가 버린다

비와 바람이 겹쳐
휑한 가슴에 차고 들어온다

거리에 비가 내리듯 내 마음도 눈물 내린다
어느 프랑스 시인의 말처럼

나도 눈물을 꺼낸다

눈물은
내 안에서 꺼내는 진실이다

그 너머엔 무엇이 있을까

담장 너머엔
장독대가 세월을 삭히고 있다

설익은 메주는
아직 누런빛이 역력하다
고추장은
빛을 머금고 벌겋게 익어 간다

사람은

설렘에 수를 더하면 추억이 쏟아진다
긴장이 멈추면 그 너머엔 상처도 있다

꿈꾸는 환상에는 무엇이 있을까
사랑이 있다

또 그 너머엔 무엇이 있을까

내 체온을 맘껏 펴가렴

꺼져 가던 생명이 눈에 선하고
고통이 생각나는 체온이 그립다

가는 길 배웅하지 못한 현실이 무겁다

자식 목소리라도 들으면
춤을 추듯 기쁘다 했는데

소박한 갈망에 보태지 못한 것이 아쉽다

동구 밖 길가에 자리 깔고 기다리던
허리 굽은 늙은 엄마의 초라한 행색이
가슴 저리게 아프다

김장철이면 바리바리 택배 상자 즐비하고
수고를 펴 나르던 사랑이 고프다

나도 사랑을 내리면
너도 같은 생각이겠지

내 체온을 맘껏 펴 가렴

언젠가

내 엄마가 살고 있는 옆집에 세 들어
이 땅에서 못한 사랑을 올리고 싶어

누가 정할까

너와 나는
나를 먼저 생각한다

누구는
너를 먼저 생각한다

삶의 기준은
내가 정하지만

내가 가는 길은
누가 정할까

그것은

사는 게 별건가

오늘은
들녘에 핀 진달래 한 아름 안고
낡은 항아리에 꽂아 둘까
담장에 수북한 개나리 앞에서
추억의 사진 한 장 찍을까
남한강이 보이는 갤러리카페에서
시인의 마음을 읊조릴까
그래, 젤 쉬운 것부터 차근히 해 보자

내일은
친구들과 수다를 떨며
세상 이야기 나누면 좋은가
푸른 하늘을 마음에 끼고
산책이라도 하면 좋은가
아니면
도서관에 가서 양질의 책을 읽으면 좋은가
그래, 마음에 내키는 것부터 해 보자

너의 소리에 마음을 기울이면

누구나 자신의 자리가 있다
너도 나도 보기에 좋으면 그만이다

세상을 살다 보면 억울한 일도 만난다
그럴 땐 조율이 필요하다

너의 소리에 마음을 기울이면
세상은 온순해진다

네가 바라고 내가 바라는
그런 삶은 언제일까

마음을 여는 것은 누구나 가능하다
오기는 자존심이 아니라 상처의 무기가 된다

배려는 너를 살리고 나를 살린다

싸리나무

생각이 무수히 많은 너
별의 수가 너를 이길까

싸리나무 가지에 꽃이 피면
벌떼들이 날아와 소리만 요란하고
상념이 깊어지는 하루

그나마 네게는 독이 없으니
얼마나 다행인가

너의 뿌리가 다듬어지면
좋은 약재로 쓰일 텐데

네 마음이 그러한지

기다려 봐야겠다

독이 되는 사람

눈빛이 안 좋은 사람은 마음이 안 좋은 사람

배려가 없는 사람은 인격이 덜된 사람

나눔을 모르는 사람은 이기적인 사람

인사를 안 하는 사람은 거만한 사람

언행이 나쁜 사람은 교양이 없는 사람

시기와 질투가 많은 사람은 본심이 못된 사람

사랑이 없는 사람은 감정이 메마른 사람

분노가 있는 사람은 울화가 많은 사람

욕심이 많은 사람은 양보가 없는 사람

말이 많은 사람은 실수가 많은 사람

거짓이 많은 사람은 양심이 없는 사람

잘난 척하는 사람은 속이 비어 있는 사람

편견이 있는 사람은 모가 난 사람

주장이 강한 사람은 자신만 아는 사람

자존감이 낮은 사람은 자격지심이 많은 사람

자신을 다스리는 데 가장 좋은 약은 사랑이다

다양한 색깔의 사람들

사람은 다양한 색을 지니고 있다
본인보다 타인이 빨리 느낀다

어떤 색이 있을까

남에게 드러나는 것을 좋아하면
연예인 기질이 있는 사람

뒤에서 조용히 있는 듯 없는 듯하면
배려하며 남을 보조하는 사람

말로써 큰 소리를 내면
타협이 불가능한 사람

의기소침하고 말이 없으면
자신이 없는 사람

남의 말에 무조건 따르면
노예근성이 있는 사람

중간에서 눈치만 보면
기회주의가 강한 사람

자기가 무조건 옳다고 하면
독불장군 같은 사람

이유 없이 친절하게 다가오면
사기성이 있는 사람

연민을 유도하고 코스프레하면
비굴한 사람

잘난 척하며 수선스럽게 행동하면
내면이 비어 든 게 없는 사람

어떤 일에도 비협조적이면
기본이 잘못된 사람

똑똑하면서 말이 많으면
가르치려고 하는 사람

겸손하면서 말이 없으면
내면이 깊고 된 사람

잘난 사람이 조용하면
인격이 된 사람

못나면서 조용하면
자신을 아는 사람

색깔은 자신이 만드는 게 아닐까

갈 길이 먼데

이슬이 터진다

새벽안개 자욱한 들녘엔
입김이 솔솔 풀어진다

먼발치
안개를 헤치며 나간다

마음을 챙기고
조심스레 세상을 만난다

부딪쳐야 하는 것들이
수북하게 들어온다

한숨 돌리자
가는 길 쉽게 가도록

3부

미련의 시간이 다가올 때

만나면 좋은 사람

당신을 만나면

내 마음 뭉게구름처럼 피어나지요

함께 있으면 왜 이리 짧은지

작별인사가 가슴에 대고 말해요

그만 가야지

당신의 체온이 나를 당겨요

발길이 떨어지지 않아요

어찌할까요

오동나무

시집갈 때 장롱을 만들어 주겠다는
외할머니의 말을 그의 딸에게 전해 들었다

어릴 적 동구 밖 해름까지 뛰어놀다
오동나무가 눈에 들어오면
신랑 집 갈 때 동무 삼아 갈 수 있으니
엄마의 끈을 가볍게 놀 수 있었다고 한다

그늘 아래 나무를 아름 속으로 품고
장래에 취해 있던 때처럼
기억이 모락모락 피어나고 있었다

차가운 병실에서 홀로 떠난 외할머니의 딸은
남은 이야기를 구름에 실어 보냈다

천국에 가면
오동나무 장롱을 준비해놓고 나를 맞을까
못다 한 이야기도 들려주겠지

빈터에 피어나는 꽃은

한 그루 나무가 그늘을 만들고 있다

사유의 공간을 넘어 문학의 벽을 침노한다
영혼은 불순물을 깨고 알을 낳는다

생각을 갈면 분자라는 물질로 구성되고
빈터에 남길 감성이 흩뿌려지지만
그게 살아 있는 꽃이 될 수 있을까
죽은 조화의 화려함이지

단순한 언어는 치장이 필요치 않다
가면을 쓰고 덮을 일도 없다
편견의 비수가 가슴을 쪼갤 일도 없다
살아 있는 영감의 말일 뿐이다

낡은 빈터에 피어날 꽃은
새 움이 싹터야 한다

행복

감사는 사랑을 심는다

기쁨은 나를 세우고 남을 세운다

행복은 모두를 일으키고 주위를 밝힌다

가장 쉬운 원리를 가장 어렵게 받는

생각이 문제인 것 같다

행복해지려면 무엇을 해야 하나

사랑을 나누는 것이겠지

느리면 좀 어떤가

살아 보자고 애쓴다
사는 건 그리 쉽지 않다

경쟁은 상처가 되고 마음만 조급하다
느리게 가면 좀 어떤가

갈 길이 먼데 서두르다 탈 나면
그게 더 아플 거야

속도는 조율하면 그만이지만
과거는 회복이 힘들다

알면서도 하지 않는 것은
좇기 듯 산 세월의 익숙함이다

나쁜 습관의 붕괴는 사회를 살린다
너와 내가 사는 첫걸음이다

동행

혼자라는 공허는 어둠으로 몰려든다
누군가 의미 있게 다가올 때
생명의 미소가 체온을 덥힌다

함께하는 비중이 크면 클수록
삶의 무게가 가벼워진다
둘이라면 영혼의 밀도가 높아지고
심신의 부피가 확장된다

거친 풍랑을 맞아도 견딜 수 있는 것은
관계의 영역이 힘을 주기 때문이다

분수처럼 솟는 물줄기의 동력처럼
혈액이 감성의 선을 타고 흐르면
둘은 뜨겁게 결합한다

손잡으면 무한대의 가능을 열 수 있다

구주 오셨네

허름한 동네는
아직도 연탄을 피우는 곳이 있다

추위가 오기 전
땔감을 준비하고 겨울을 맞는다
연말이면 도움의 손길이
구세군 종소리로 힘차게 퍼진다

기쁘다 구주 오셨네
만백성 맞으러
캐럴이 퍼지던 명동성당 주변에는
크리스마스의 정서가 물씬 풍기던 곳이다

아마득한 기억처럼 매몰되는 시간 속에
이천년의 역사도 묻히고 말았다

창조를 부정하는 생각은
부활을 꿈꿀 수 없다

빈들에 나비처럼

봄비 내린 자국에 빈들만이 고요히 녹아든다
낯설게 지나가는 나비 한 마리가 생글 웃는다

어디서 왔느냐고 묻기 전에
설익은 이야기 풀어 놓는다

저 너머 나라는 너무 뜨겁다며
매화꽃에 살포시 눕는다
맑은 마음으로 나비를 반긴다

여름이 되면

꽉두서니 살찐 뿌리에서 놀다 가라 하니
덤불 속은 답답해서 싫단다

매화 향기면 봄살이 충분하다고

나팔꽃

한여름에 해가 뜨면 피는
수줍은 풋사랑 같더라

담장을 예쁘게 수놓은 추억의 꽃
일찍 피었다 지는 것이 아쉬움이지만
사람들은 너를 기억하지

하루를 열며
잠에서 깨라고 신호를 보내면
우리는 아침을 맞는다

너는

헌신이 더 빛나는 꽃
길가에 오래도록 피이리

시

거센 바람이 차게 들어왔다
설핏 놀랜 자리에 이별을 날린다

새론 뜰에 입맞춤하니
그곳엔 곰삭은 향기가 있다

문학이란 산물을 거울에 비추며
좁은 문을 연다

탱고의 음악에 춤추듯
운율은 치맛자락 휘감치고
열정이 태워지고 있다

새벽을 쪼갠다
현학을 갈퀴질하며 점프한다

잡은 손 땀이 나도록

빨간 엽서

가을바람에 실린 한 통의 엽서
너의 체온이 따라와 인사한다

기억
꿈
사랑을 담은 빨간 엽서에
나도 마음을 실어야지

무엇이 좋을까

우산이 되고
그늘이 되고
사랑이 되리

누군가 또 수고가 필요하다

엽서를 배달해야 하니까

자카란다의 향기

아프리카 어디쯤엔가
가로수 길목마다 흐드러지게 피었다

보랏빛 향기는
화사한 행복으로 빛을 낸다

싫증 나지 않는 꽃이 몇이나 될까
신비를 뿜어내며 인사를 한다

사람들은 네게 환호하고
너는 그 환호에 감사한다

영원한 보랏빛 향기에 취해
하늘도 웃는다

너는 수줍은 미소로 답한다
향기의 근원은 바로 당신이라고

나를 깨우는 소리

깊은 잠에 빠져 어둠속에 내가 있다

침전물이 되어 썩어가고 있다

어디선가 여명이 강하게 끌어당긴다

아무도 알 수 없는 힘의 원천은

과거의 나를 파괴시키고 있다

돌이키는 삶은 아픔으로 드러났지만

빛에 포위되어 흔적 없이 사라진다

새로운 삶은 무대에 올려진다

햇살이 전신을 비추고 있다

자화상

음악은 감성의 결이 흐른다
문학은 순수의 체온으로 뜨겁다
그림은 감각으로 절정을 이룬다

찾아 들었다

진한 감동의 노래는 무대에 오른다
살아 숨 쉬는 시는 한권의 책으로 펴낸다
예민한 손길의 그림은 공간에 걸린다

네가 좋다

의미에 가치를 두고 풀어낸다
비밀상자를 조금씩 열어간다

그 속에 영롱한 빛의 이끌림이 있다
너만이 아는 다른 차원의 세상이다

낮아지는 건

살면서 부딪혀야 할 일이 많다

관계가 틀어지면 마음도 부서진다

돌이키기 힘들 때

무엇부터 챙겨야 할까

낮아지는 것이다

그러면

세상이 보인다

무엇에 가치를 두는가

문학과 예술은 감성을 만진다
둘은 넌지시 손잡고 향기를 낸다

향기에 취한 이는 공간을 만들고
내면의 세계를 살뜰히 챙긴다

마음 밭에 심은 문학과 예술은
풍요에 가치를 둔다

우리는 무엇에 가치를 두는가

영혼이 밀밭을 헤맬 때
평강의 바람이 산들거리면

행복은 가치를 넘어 꿈이 되어 난다

수선화가 피었습니다

연못에 비친 자기 모습을 보고 반해
물에 빠진 수선화가 있습니다

당신은 그 물에 빠진 수선화가 아니라
영혼을 건져 담을 그릇입니다

노란빛을 머금은 수선화는
귀하고 고결합니다
하늘에서 반기는 은은한 향기를 냅니다
당신은 그런 수선화입니다

고운 발이 지나간 자리에는
물이 넘치도록 필요한 수선화가 있습니다

입을 조아리고
당신을 기다리고 있습니다
머지않아 그곳에는
수선화가 만발할 것입니다

4부

아프리카 쎄시봉

나무의 향기가 나는

미루나무 같은 사람
신작로 길가에 홀로 서서
사람들의 발자국을 내려다본다

침묵은
흉내 낼 수 있는 것이 아니다
내공이 필요하고
마음자리가 서툴지 않아야 한다

나무처럼 고결하니
헛된 생각에 무르지 않다

당신은
나무의 향기가 나는 조용한 사람

하늘은 어떤 세상일까

둥실 구름이 떴다
하늘을 뒤덮고 몽글몽글 피어난다

아기구름
등에 업혀 떠다닌다

엄마구름
양탄자 깔고 실어 나른다

땅을 보고
하늘 보며
길을 나섰는데

결국은 하늘로 솟아 버렸다

그곳이 좋았던 모양이지

자작나무 꽃

깊은 산 양지에서 자라고 나무껍질이 하얗다

사월이면 암수한그루 꽃이 핀다지

수꽃은 이삭처럼 고개를 숙이고

너는 위로 향한다는 말에 가슴이 아리다

다른 곳을 바라보는 마음이 오죽하랴

잔인한 숙명에도 동요하지 않는다

햇볕이 있으니 견딜 만하다고

흙손과 나비

농부의 흙손이 텃밭을 일군다
알차게 수확하니 배추꽃에 웃음을 던진다

나비가 날다 힐긋거리며
까맣게 그을린 얼굴에 대고 수다를 떤다

당신의 미소를 팔고 싶다며 채비를 하잔다
수레에 가득 담긴 배추 등에 업혀
오일장 가는 길에 손잡고 나섰다

겨우살이 쌈지 돈 비축을 위해
장터에 도착하니
너도나도 경쟁에 헐값이 되더라

풀이 죽어 돌아오는 길
나비가 아른대며 속삭이는 듯하다
당신의 수고를 먹는 사람은
봄맞이까지 한숨을 돌릴 거라고

만남

크레바스처럼 갈라진 길에 서면
피켈과 크람폰에 의지해서
허리를 로프에 연결한 뒤 팽팽하게 유지한 채
한 걸음씩 긴장하며 가야 한다

인생에서도 함정 같은 장애물을 만날 수 있다
그때의 공포는 두려움이 무섭게 다가온다

지혜의 여신, 미네르바는 말한다
누구나 그런 경험할 수 있어, 잘 견뎌 봐

지성을 조리하는 과정에서 쉼표는 필요하다
인내라는 빼곡한 시간이 기다린다면

이제는 쉬엄쉬엄 가고 싶다

아프리카 쎄시봉

인류의 관심이 있음에도 불구하고
굶주림은 애통하며 노래한다

타는 목마름은 고통의 뿌리만 질겨지고
바스락 말라가는 살은 거부할 기력조차 없다

호수 같은 눈망울은 날개가 꺾이고
절망의 무게가 버거워 몸부림친다

해맑은 미소가 욕이 된다면 다 퍼 오고 싶고
눈물이 죄가 된다면 다 담아 오고 싶다

여기는
음식물쓰레기가 넘쳐나 공해로 병들어 있고
더 좋은 것을 위해 물도 사 먹는데

세상을 다루는 주인은 누구신지

대륙의 절규에도 아랑곳하지 않는
당신은 누구십니까

무질서한 검은 그림자가 일상에 침범하고
삶이 경쟁인 시대에서 강도가 난무하는 곳은
그곳보다 더 좋을 수는 없다

길 떠나는 여행길은 구름 타고 갈 텐데
그 길만큼은 저들이 먼저 가면 좋겠다

아마 주인도 그 계획을 세우고 있겠지

리시안셔스

하늘거리는 꽃잎은
언뜻 보면 여리지만
줄기는 단단하다

홀로 있을 때보다
함께 있을 때 더욱 빛난다

어디서나 조화를 이루고
드러나지 않고 도움을 준다

남을 받쳐 주는 것은
아무나 하는 것이 아니다

변치 않는 사랑

너만이 할 수 있다

들꽃

오죽 갈 곳이 없으면

무덤가에 뿌리를 내릴까 생각했더니

곰살궂은 따듯함이 촉촉하다

발길이 뜸한 곳에

홀연히 등불처럼 밝히고 있다

너로 인해 영혼의 외로움이 감해질까

봄의 속삭임처럼 다가오는 너는

진실한 사랑을 전하는 꽃이지

아버지가 생각날 때

서랍에 가지런히 놓인 물건들을 볼 때
화장실 수건이 칼 각으로 접혀 있을 때
아버지가 생각난다

예민하고 무서운 사람이 아버지였다

글씨는 바르게 써야 한다
마음의 거울이기 때문이다

식사할 때는 소리를 내서는 안 되고
어른이 수저를 들기 전에는 들어서도 안 되며
좋은 찬을 예의 없이 함부로 먹어도 안 된다

다 안 된다는 말밖엔 들은 기억이 없다

나도 어느새 딸에게 그런 교육을 하고 있었다
다행히도 딸과 나는 정신이 건강하다

요즘의 현실은
교육비에 올인하다 보니 아버지의 등이 휜다

대책은 뭘까

부모가 자신을 알고
시대가 아이들을 알아주면 세상은 밝아지겠지

잊어도 좋은 사람

온기가 부족한 사람과 함께하면
체온이 더 낮아진다

이기적인 사람과 함께하면
덩달아 계산을 하게 된다

분노가 많은 사람과 함께하면
그 기운에 눌려 버린다

사랑이 없는 사람과 함께하면
마음이 메말라진다

배려가 없는 사람과 함께하면
상처를 입는다

좋은 사람은 세상에 많다
내가 좋은 사람이 아닐 수 있다

한결 쉬워요

마음을 보태면 힘든 일도 쉬워져요

알면서도 하지 않아요

쉬운 것부터 마음을 더해 보세요

손잡고 양동이를 들어보면 정말 가볍지요

마음은 그런 거예요

인연은 똑똑

관계가 멈추면 인연도 멈춘다
안녕은 그렇게 저문다

순리는 눈으로 보고
진리는 가슴으로 느낀다

옷깃만 스쳐도 인연이란다
인연은 마음을 여는 것이다

안녕하세요
똑똑 소리를 내면

나 여기 있어요
문밖에서 인사를 한다

채움

영혼이 비어 있으면
어디로 가야할지 방황을 한다

채움이 없는 공간의 선택은
내일이 무겁게 다가온다

그림자라도 잡고 싶은 희망의 끈은
누구나 마찬가지다

오늘의 중력이 크면 클수록
내일의 발걸음은 미리 지친다

마음의 무게만큼 저울에 달아본다
기준은 본인 정하기에 달려있다

그 속에 가치라는 의미를 찾는다

별 따라가야 하는지

물줄기의 결이 영롱하게 빛을 낸다
그 속엔 갈림길이 있다

어느 결을 타야 순조롭게 흐를 수 있는지
고독이 산자락에 걸린다

밤하늘에 쏟아진 별을 쫓는다
유성처럼 맴돌다가 어디로 가야 할까

따라야 할 별이 어느 별인지
지금은 모르겠다

언젠가는
시원한 생수 한 잔 나눠 마시며

네 빛이 고왔다고 들을 날이 있겠지

너를 노래하고 싶어

아마득한 그 시절에 으레 기도하던 너는
대문을 서성이는 나를 보며
눈짓으로 방 문을 열어 주었지
어찌나 고맙던지 아직도 그 기억이 생생하다

보통의 아이들은 소꿉놀이로 추억을 쌓던데
우린 특별했던 것 같아
무슨 할 말이 그리 많았을까
머리를 맞대고 조잘거리던 시간이
그대로 내게 남아 있어

수십 년의 세월에도 여전한 것을 보니
역시나 너는 내 외로움을 포장해 가더라
아직도 고스란히 남아 있는 그 맘
어찌나 살갑던지
짧은 편지로 너를 노래하고 싶어

겨울비

네가 울면 내가 아프다
산자락을 휘감치다 나무에 걸리니
네가 아픈 것이 아니라 나무가 아프단다

너는 바람처럼 찾아온다
누가 알까 예고가 없다는 것을

겨울을 끼고 내리는 너를 두고
산장으로 뛰어들어 숨을 고른다

처마 밑에 앉아 소원을 빈다
너의 몸짓으로 세상이 씻어지면
하늘은 더 푸를 테고 공기도 맑아지겠지

아픈 겨울을 네가 가져갔으니
이른 봄 선들거리는 늘녘에 나가
너와의 이별을 노래하리

힘내세요

소리 내지 말고 그냥 살아요

가슴에 불을 켜면 마음만 상해요

하늘 보고 한숨 돌리세요

날아가는 새한테 말하세요

희망의 편지 배달해 달라구요

고단한 삶은 내 것만이 아녜요

모두가 그렇게 살아요

5부

챙김이 필요하다

기러기아빠

남겨진 사람이 슬프다

무슨 일인지 알 수 없어 조심히 다가간다

허공을 보며 한숨으로 푼다

비행 준비에 바쁜 식구들은 여행처럼 즐긴다

혼자는 외롭다고 말하고 싶다

차마 용기가 나지 않는다

바람

가슴 결에 잉태된 원초적 본능이 분출한다

별을 헤며 윤동주의 서시가
생각나던 감성이다
새털구름 둥실 날 때 들녘에 나가
네잎클로버 반지를 끼던 그때다
여름이 되면 샛강에 나가
물장구치던 아이들의 천진함이다

지금은

커피 한 잔의 수다에 빠지고 풍경에 빠진다
맛난 음식이 행복인 양 입이 귀에 걸린다

하루가 깨지는 소리다

회사원은 새벽부터 종종걸음으로
보다 나은 삶을 찾는다

등굣길이 무거운 아이들은
미래라는 꿈을 좇는다

가사 일이 전부인 엄마들은
무료함을 다양하게 풀어낸다

노년의 사람들은
오히려 자아를 찾아 헤맨다

내일이 오는 소리다

민들레

봄에 피는 너는
양지에서 뿌리를 내린다

물씬 햇살을 받아
감사의 이불을 덮는다

홀로 피어나는 너는
겸손으로 담아 낸 하얀색을 풀고
지나가는 발길에 이름을 새긴다

마주하는 순간에
가던 사람이 허리 굽혀 인사한다

낮은 자리 높은 자리
그리 중요하지 않아

무엇을 보느냐에 달렸다

아름다운 것들

가슴에 담을 것을 주섬주섬
무엇이 나를 뜨겁게 할까

풀잎에 이슬방울
또르르 구르면
먼지 씻긴 공기는
새 옷을 입는다

새가 공중을 휘돌며 곡예를 한다
어미 새가 물어다 준 사랑을
새끼는 뜨겁게 삼킨다

캥거루 주머니에서 분리된 자식은
다시 어미가 되어 사랑을 내린다

사랑이 구르면 세상이 둥글다

터널

신호등과 자동차의 빛에 의지해서 달린다
끝자락에 닿을 즈음 광선의 이끌림은
마치 신기루같이 딴 세상을 보는 것 같다

살다 보면 그런 경험을 하게 된다
터널처럼 어두운 곳을 헤매기도 하고
삶의 깊이가 어디쯤인지
가늠하기 힘들 때가 많다

통로의 끝에서 빛을 만난 것처럼
그 한 뼘의 빛이 생명의 불씨가 된다
절망의 끈을 자르고 한 발짝 점프한다

어떤 선택은 미래를 책임지고
어떤 선택은 좌절을 겪는다
용기는 가능이라는 힘을 작용하여
새로운 길을 연다

코로나 로버리

헌터가 필요한 시대에 살고 있다
백신이라는 대안을 내놓았지만
변종이 발현하고 속수무책이다

스치는 체온마다 불신을 갖고
마스크 속에서 불안한 호흡만 깊어진다
종식이 불분명한 상태에서 위협을 받는다

반란을 일으킨 주모자는
모습도 보이지 않는다

해왕성을 투입시켜 병든 지구를 구출해야 하나
바이러스라는 균은 생명까지 앗아 간다

의료진은 지치고 병실은 부족하다
죽음마저 홀로 가야 한다
현실이다

꿈

바람은 하늘거리며 봄을 찾는다
구름은 땅을 보며 내려앉는다

들판에 꽃은 나비를 부른다
꿀벌은 꽃잎에 입 맞추기 바쁘다

연인들은 달콤한 사랑에 빠졌다

나는 무엇에 취할까

아름다운 언어를 다듬고
마음에 닿는 시를 허공에 날리고 싶다

누구에게 품어지면
그보다 좋을 순 없겠지

인생

아픔은 삶의 흐름에 둑을 만든다
고랑에 패인 물은 세월과도 같다

길마다 흙의 농도가 다르듯이
인생도 굴곡이 있다

순리라 믿으며 과정을 걸어간다

고난의 무게는 평등하다
감당의 차이일 뿐이다

방향은 문을 여는 열쇠를 가지고 있다

지름길을 안다면 광야는 짧아지겠지만
무지는 돌아서 목적지를 간다

반복하는 것이 삶인 것 같다

행복의 나라로

좋은 사람 품어지면 가슴 문이 열린다

네가 나를 당기면 나도 네게 반응하고

서로 같이 일상을 그렇게 살고 싶어

공허가 머문 자리 수다가 입 맞추면

빙점에서 봄은 찾아올 테고

나는 가야지 그곳으로 가야지

너와 함께 손잡고 임 계신 그곳으로

빛이 오는 소리에 귀를 기울이며

등불을 밝히고 임 마중 가리

먼지가 되어

낯설다
불현듯 다가와 체온을 삼킨다

상처는
단속이 필요하다

생각을 탈수하면
때가 흐른다

냄새조차 꽃향기에 헹구면
비싼 지불이 아깝지 않다

해를 머금고 며칠을 말리니
바람에 흩날린다

그래 먼지가 되어
다시 돌아오지 않는 곳으로

나를 위한 수업

너의 울음소리는
삶의 질을 바꿔 놓았다

탄생은 온전히 나를 위한 것이었어. 너를 키워 내고 보니 이제야 한시름 놓는다. 유달리 힘든 아이였던 너는 감성이 남다르고 예민해서 안테나가 열 개는 족히 넘었지. 그런 너를 키우면서 답이 없을 때 참, 많이 울었다.

그때 만난 주님은 내게 기도라는 숙제를 주었고, 너를 위해 기도하는 엄마로 살았다. 단비야! 너의 태명처럼 많은 사람들에게 유익을 끼치는 따듯한 사람이 되렴. 그러면 너를 위한 삶이 될 거야.

살아 보니 섬기고 베푸는 것이 행복의 가치 중에 가장 크다는 것을 알았다. 그 바톤을 네가 이어 주지 않으련?

이젠 나의 수업이 많이 줄었다
세월 탓이겠지

너도 수업을 받게 되면
순한 사람들이 넘치는 세상을 만나렴

한 조각 편지

엽서만 한 종이가
하얀 병실 문에 꽂혀 있다
병동에서 놓고 간 수고의 손길이다

딸은 종이에 고사리 손을 담았다
심장이 요동치며 읽어 내려갔다

하나님, 우리 엄마를 살려 주세요
하루빨리 병이 나아서 저와 함께 손잡고
하나님께 기도하게 해주세요

눈물을 걸친 채
어린 마음의 편지를 끌어안고 울었다

당시에 나는 직장암3기로 대수술을 두 번 받고, 한 달 동안 물 한 모금 마시지 못하면서 사선을 넘나들었다. 살기를 포기하며 절망에 차 있을 때, 이슬 같은 물이라도 한 방울 마시고 죽기를 원했다.

한계의 끝에서 기도는 살아 있었고 희망의 메시지가 가슴에 들어왔다. 그리고 완치라는 기적을 만났다. 한 조각 편지는 내게 살아야 하는 이유를 말해 주었다.

챙김이 필요하다

하늘은 구름 한 점 없고
마음은 챙김이 필요하다

산책길 발자국은 무수히 남고
남길 것이 무언지 챙김이 필요하다

하늘에 솟구친 건물의 야망이 뭔지
낮은 데서 챙김이 필요하다

신드롬을 발사하는 유명인의 인기는
누구나 경험할 수 있는 일이 아니다
그래서 챙김이 더 필요하다

여유로울 때 마음을 챙기면
미래를 여는데 한결 수월하다

챙김은 나를 다스리는 약이 된다

감사의 글

마른 감성을 자극하는 소박한 언어는
나 자신을 깨우는 소리였습니다

누구의 가슴에도 촉촉하게 떨어지는
한 방울의 물이 되길 원합니다

인생수업에서 싹을 틔우고 나니
열매의 이불을 덮습니다

수준 높은 글이 쏟아져 홍수를 이룹니다
아직 증류되지 않은 상태지만
이슬을 먹으며
황혼의 열차에 제 이름을 새깁니다

시집 『나를 깨우는 소리』를 기어해 주셔서 감사합니다.

이수연 드림

나를 깨우는 소리

초판 1쇄 인쇄 | 2022년 04월 10일
지은이 | 이수연
펴낸이 | 이재욱(필명:이승훈)
펴낸곳 | 해드림출판사
주 소 | 서울 영등포구 경인로82길 3-4(문래동1가 39)
센터플러스빌딩 1004호(07371)
전 화 | 02-2612-5552
팩 스 | 02-2688-5568
E-mail | jlee5059@hanmail.net

등록번호 제2013-000076
등록일자 2008년 9월 29일

ISBN 979-11-5634-503-9